Beten ist einfach

Pater Karl Wallner

Beten ist einfach

Meditationen zum Rosenkranz

Bibliografische Information der Deutschen Nationalbibliothek
Die Deutsche Nationalbibliothek verzeichnet diese Publikation in der Deutschen Nationalbibliografie; detaillierte bibliografische Daten sind im Internet über http://dnb.d-nb.de abrufbar.

Besuchen Sie uns im Internet:
www.st-benno.de

ISBN 978-3-7462-2915-7

Stammerstr. 11, 04159 Leipzig
Umschlag: Ulrike Vetter, Leipzig,
unter Verwendung eines Bildes von © Image Source/Corbis
Gestaltung: Ulrike Vetter, Leipzig
Gesamtherstellung: Arnold & Domnick, Leipzig (A)

INHALTSVERZEICHNIS

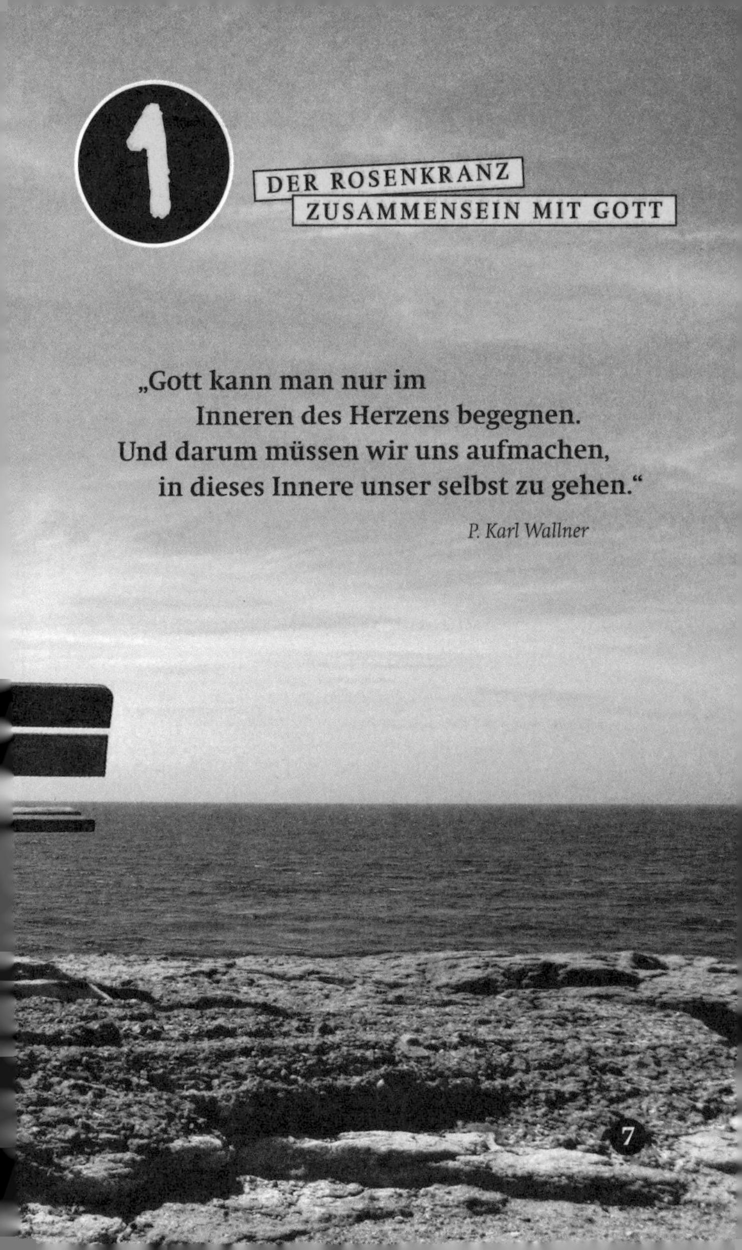

1 DER ROSENKRANZ
ZUSAMMENSEIN MIT GOTT

„Gott kann man nur im
Inneren des Herzens begegnen.
Und darum müssen wir uns aufmachen,
in dieses Innere unser selbst zu gehen."

P. Karl Wallner

„Ich habe keine Zeit“ ist ein merkwürdiger Satz. Denn wir haben immer Zeit. Alles, was wir tun, geschieht in der Zeit. Die Zeit läuft dahin, ob wir es wahrhaben wollen oder nicht. Wir haben also immer Zeit. Die Frage ist nur, wie wir unsere Zeit verwenden und wie intensiv wir sie erleben.

Meistens vergeuden wir die Zeit. Viele Jugendliche versitzen Stunden beim Zappen vor dem Fernseher oder beim Spielen auf dem Computer. Erholung und Ablenkung kann okay sein. Aber alles braucht ein Maß. Zeit, die vertan wird, kann man nicht mehr zurückholen.

Zeit ist dann wertvoll, wenn sie bewusst und gut gelebt wird. Besonders wertvoll ist unsere Zeit dann, wenn wir sie mit jemandem verbringen, den wir lieben: wo wir uns wohlfühlen, wo wir uns geborgen, aufgebaut und gestärkt fühlen. Darum haben Verliebte plötzlich sehr viel Zeit füreinander, weil das Zusammensein als wertvolle Zeit empfunden wird.

„Ich habe keine Zeit“ sagen viele Menschen, wenn es um das Gebet geht. Gebet heißt: Zusammensein mit Gott, Zeit haben für Gott.

Gott hat immer Zeit, er wartet auf uns. Und Gott liebt uns. Darum ist das Zusammensein mit Gott im Gebet die wertvollste Zeit, die es überhaupt gibt.

Aber das Zusammensein mit Gott, das Gebet, braucht heute eine intensive Bewerbung. Wir Christen sind gebetsfaul geworden, vielleicht auch lieblos gegenüber Gott. Er wartet und wir lassen ihn warten... Das ist nicht fair gegenüber dem Schöpfer der Welt, der uns durch seinen Sohn erlöst hat. Wir versetzen das Liebste, das es gibt. Und wir könnten soviel davon profitieren. Denn wo jemand mit Gott dem Allmächtigen zusammen ist, da schöpft er neue Kraft.

Wir müssen wieder beten lernen. Gebet muss man üben. Wir sind veräußerlicht, abgelenkt und darum gestresst und unzufrieden. Gott kann man nur im Inneren des Herzens begegnen. Und darum müssen wir uns aufmachen, in dieses Innere unser selbst zu gehen. Das ist eine aufregende Reise. Im Zeitalter der Billigflugreisen ist eine Art der Fortbewegung die schwierigste geworden: das „In-sich-Gehen“. Gott wartet, um uns mit Kraft, Gnade, Liebe und Segen zu beschenken. Darum zahlt es sich aus zu beten. Es zahlt sich aus, beten zu lernen.

Hier soll ein Gebet vorgestellt werden, das sehr einfach ist: der Rosenkranz. Er besteht nur aus den Grundgebeten: dem Vaterunser, dem Gegrüßet-seist-du-Maria und dem Ehre-sei-dem-Vater.

Der Rosenkranz wird gebetet, indem fünf Mal zehn Gegrüßet-seist-du-Maria hintereinander gebetet werden. Jeweils nach zehn Gegrüßet-seist-du-Maria kommt ein Vaterunser und ein Ehre-sei-dem-Vater. Als Hilfe für dieses Gebet gibt es die Gebetsschnüre, die ebenso genannt werden: Rosenkranz. Übrigens: Es ist zu wenig, solche Rosenkränze irgendwo herumliegen oder herumhängen zu haben. Der Rosenkranz muss gebetet werden, nur dann verbindet er uns mit Gott.

Das Rosenkranzgebet ist ein modernes Gebet, denn es eignet sich für Kinder und Jugendliche ebenso wie für Familien, Erwachsene und ältere Menschen. Es funktioniert auch bei jedem, denn Schritt für Schritt schreitet unser Herz immer näher zu Gott. Dass sich die Lippen bewegen und die Formeln des Gegrüßet-seist-du-Maria sprechen, macht unseren Geist frei.

Der Rosenkranz dauert etwas mehr als 20 Minuten, man soll ihn zügig beten und die gesprochenen Gebete nicht hinausziehen. Am Anfang kostet es meist Überwindung, doch wer einmal begonnen hat, der spürt plötzlich, wie seine Zeit wertvoll wird. Gott berührt, Gott naht.

Es gibt einen Grund, warum der Rosenkranz ein Gebet ist, das so einfach funktioniert: Weil wir hier nicht alleine beten. Wir grüßen ja Maria, die Frau, die Gott zur Mutter seines Sohnes erwählt hat.

Weil Maria so ganz von Gott berührt ist, weil sie wie keine andere erfahren hat, was für ein Glück es ist, zu Gott Ja zu sagen, darum will sie auch, dass wir dieselbe positive Erfahrung

machen. Das Schöne am Rosenkranz ist, dass wir an der Hand der Mutter sicher zu unserem Herrn und Gott geführt werden.

Jugendliche schauen sich besonders gerne Filme an. Der Rosenkranz gehört gebetet, als ob man einen Film im Kopf schauen würde. Man darf diese kostbare Gabe aktivieren, die den Namen „Phantasie“ trägt. In der Sprache der Kirche heißt das: „Betrachtung“. Die Muttergottes hat bei ihren Erscheinungen in Fatima sogar kleine Kinder aufgefordert, den Rosenkranz zu beten, und zwar „betrachtend“ zu beten. Das ist gerade nicht langweilig und fad, sondern spannend: wenn man bei jedem Gesätzchen – so nennt man einen Zehnerblock an Gegrüßet-seist-du-Marias – an ein anderes Ereignis des Lebens Jesu denkt.

Diese Ereignisse, wir nennen sie auch „Geheimnisse“, sind der Bibel entnommen. Der Rosenkranz ist Bibel-Film-Schauen im Kopf, und darum ist er ein urchristliches Gebet. Die Kirche kennt vier verschiedene Rosenkranz-Betrachtungen: den freudenreichen, den lichtreichen, den schmerzhaften und den glorreichen Rosenkranz.

2 UND SO FUNKTIONIERT´S

„Der Rosenkranz ist
ein Gebet für alle.
Weil er so einfach und wirksam ist.“

P. Karl Wallner

Schritt für Schritt den Rosenkranz beten.

① Der Rosenkranz beginnt mit dem **Kreuzzeichen:**

Im Namen des Vaters und des Sohnes und des Heiligen Geistes. Amen.

②Es folgt das **Apostolische Glaubensbekenntnis**, dabei wird das Kreuz in der Hand gehalten.

Ich glaube an Gott,
den Vater, den Allmächtigen,
den Schöpfer des Himmels und der Erde,
und an Jesus Christus,
seinen eingeborenen Sohn, unseren Herrn,
empfangen durch den Heiligen Geist,
geboren von der Jungfrau Maria,
gelitten unter Pontius Pilatus,
gekreuzigt, gestorben und begraben,
hinabgestiegen in das Reich des Todes,
am dritten Tage auferstanden von den Toten,
aufgefahren in den Himmel;
er sitzt zur Rechten Gottes,
des allmächtigen Vaters;
von dort wird er kommen,
zu richten die Lebenden und die Toten.
Ich glaube an den Heiligen Geist,
die heilige katholische Kirche,
Gemeinschaft der Heiligen,
Vergebung der Sünden,
Auferstehung der Toten
und das ewige Leben.
Amen.

③ An der ersten großen Perle wird ein **Vaterunser** gebetet:

Vater unser im Himmel,
geheiligt werde dein Name.
Dein Reich komme.
Dein Wille geschehe,
wie im Himmel so auf Erden.
Unser tägliches Brot gib uns heute.
Und vergib uns unsere Schuld,
wie auch wir vergeben unsern Schuldigern.
Und führe uns nicht in Versuchung,
sondern erlöse uns von dem Bösen. Amen.

④ An den ersten drei kleinen Perlen die ersten drei **Ave Maria**, in das jeweils eine besondere Bitte eingefügt wird:

Gegrüßet seist du, Maria, voll der Gnade,
der Herr ist mit dir.
Du bist gebenedeit unter den Frauen,
und gebenedeit ist die Frucht deines Leibes,
(1) Jesus, der in uns den Glauben vermehre
(2) Jesus, der in uns die Hoffnung stärke
(3) Jesus, der in uns die Liebe entzünde
Heilige Maria, Mutter Gottes, bitte für uns Sünder jetzt
und in der Stunde unseres Todes. Amen.

⑤ **Gloria Patri** als Abschluss des ersten Teils

Ehre sei dem Vater und dem Sohn und dem Heiligen Geist, wie im Anfang, so auch jetzt und alle Zeit und in Ewigkeit. Amen.

⑥ Hauptteil

Nun folgen **fünf Gesätze**, mit jeweils **zehn Perlen**.

(A) Jedes Gesätz wird mit einem *Vaterunser* eröffnet.

(B) An den zehn Perlen wird das *Ave Maria* gebetet. In dieses Gebet werden nach der Zeile *„gebenedeit ist die Frucht deines Leibes, Jesus"* die Geheimnisse eingefügt, die in dem jeweiligen Gesätz betrachtet werden. Diese **Geheimnisse** handeln von den Lebensstationen Jesu und seiner Mutter Maria (siehe Seite 22/23).

(C) Das Gesätz wird mit einem *„Ehre sei dem Vater"* beendet.

⑦ Abschluss

Traditionell betet oder singt man am Ende des Rosenkranzgebetes das **„Salve Regina“** (Gotteslob Nr. 570) oder das Gebet zur **„Mutter der Barmherzigkeit“**.

Diese Gebete sind kein fester Bestandteil des Rosenkranzes, aber manch einem werden sie vielleicht aus der Seele sprechen, also seien sie hier aufgeführt.

Deutsch	Latein
Sei gegrüßt, o Königin,	Salve, Regina,
Mutter der Barmherzigkeit;	mater misericordiae;
unser Leben, unsere Wonne	vita, dulcedo
und unsere Hoffnung, sei gegrüßt!	et spes nostra, salve.
Zu dir rufen wir verbannte Kinder Evas;	Ad te clamamus, exsules filii Evae.
zu dir seufzen wir trauernd und weinend in diesem Tal der Tränen.	Ad te suspiramus, gementes et flentes in hac lacrimarum valle.
Wohlan denn, unsere Fürsprecherin,	Eia ergo, advocata nostra,
wende deine barmherzigen Augen uns zu,	illos tuos misericordes oculos ad nos converte.
und nach diesem Elend zeige uns Jesus, die gebenedeite Frucht deines Leibes!	Et Jesum, benedictum fructum ventris tui, nobis post hoc exsilium ostende.
O gütige, o milde, o süße Jungfrau Maria.	O clemens, o pia, o dulcis Virgo Maria.

Hilf, Maria, es ist Zeit,
hilf, Mutter der Barmherzigkeit !
Du bist mächtig, uns aus Nöten
und Gefahren zu erretten,
denn wo Menschenhilf´ gebricht,
mangelt doch die deine nicht.
Nein, du kannst das heiße Flehen
deiner Kinder nicht verschmähen,
zeige, dass du Mutter bist,
wo die Not am größten ist !
Hilf, Maria, es ist Zeit,
hilf, Mutter der Barmherzigkeit.
Amen.

Überblick aller Geheimnisse, die in das Gegrüßet-seist-du-Maria eingefügt werden:

Die freudenreichen Geheimnisse

... Jesus, den du, o Jungfrau, vom heiligen Geist empfangen hast

... Jesus, den du, o Jungfrau, zu Elisabet getragen hast

... Jesus, den du, o Jungfrau, in Betlehem geboren hast

... Jesus, den du, o Jungfrau, im Tempel aufgeopfert hast

... Jesus, den du, o Jungfrau, im Tempel wiedergefunden hast

Die lichtreichen Geheimnisse

... Jesus, der von Johannes getauft worden ist

... Jesus, der sich bei der Hochzeit in Kana geoffenbart hat

... Jesus, der uns das Reich Gottes verkündet hat

... Jesus, der auf dem Berg verklärt worden ist

... Jesus, der uns die Eucharistie geschenkt hat

Die schmerzhaften Geheimnisse

... Jesus, der für uns Blut geschwitzt hat

... Jesus, der für uns gegeißelt worden ist

... Jesus, der für uns mit Dornen gekrönt worden ist

... Jesus, der für uns das schwere Kreuz getragen hat

... Jesus, der für uns gekreuzigt worden ist

Die glorreichen Geheimnisse

... Jesus, der von den Toten auferstanden ist

... Jesus, der in den Himmel aufgefahren ist

... Jesus, der uns den Heiligen Geist gesandt hat

... Jesus, der dich, o Jungfrau, in den Himmel aufgenommen hat

... Jesus, der dich, o Jungfrau, im Himmel gekrönt hat

3

BETRACHTUNGEN ZUM FREUDENREICHEN ROSENKRANZ

„Er wird groß sein und Sohn des Höchsten genannt werden. Gott der Herr wird ihm den Thron seines Vaters David geben.“

Lk 1,31–32

1. Jesus, den du, o Jungfrau, vom Heiligen Geist empfangen hast

Am Anfang unserer Erlösung steht ein großes Erschrecken: Maria erschrickt, als sie der Engel Gabriel besucht. Maria hat nicht damit gerechnet, sie hat sich diesen Augenblick nicht herbeimeditiert. Vielleicht war sie bei der Hausarbeit oder sie hat in der Heiligen Schrift gelesen, wir wissen es nicht. Gewiss ist nur, dass sie zutiefst erschrak, als der Engel Gottes bei ihr eintrat. Das Erschrecken Mariens ist etwas Heiliges, denn es sagt uns, dass Gott selbst in diesem Augenblick in die Geschichte eintritt. Gott ist nicht eine Phantasievorstellung; nein, der allmächtige Gott ist eine Wirklichkeit. Er wirkt in unsere Welt hinein, indem er uns erlösen möchte. Der Engel fragt Maria, ob sie Mutter des Sohnes Gottes sein möchte. Dies ist die schönste Frage, die Gott je an Menschen gestellt hat. Gott sehnt sich danach, Mensch zu werden, um uns zu erlösen. Doch er respektiert unsere Freiheit; er umwirbt uns, aber niemals zwingt er uns. Deshalb darf Maria völlig frei zurückfragen: „Wie soll das geschehen, da ich keinen Mann erkenne?" (Lk 1,34)

Auch wir dürfen Gott Fragen stellen; freilich müssen wir dann auch die Ohren spitzen, um seine Antwort zu hören und zu verstehen. Gott antwortet immer.

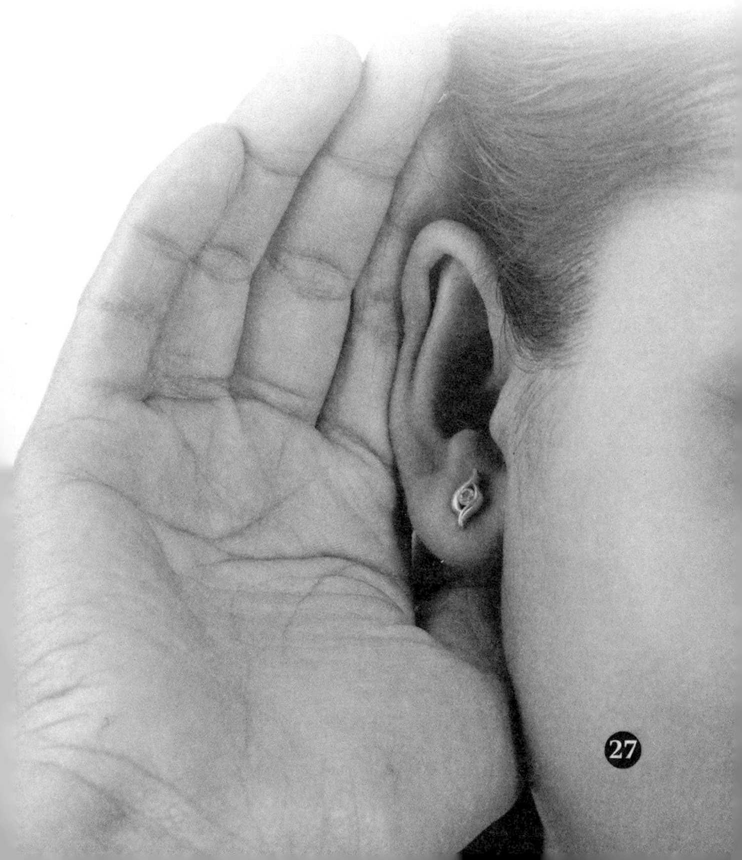

Maria hört, wie der Engel sagt: „Für Gott ist nichts unmöglich!“ Und dann beantwortet sie die schönste Frage, die Gott einem Menschen stellen konnte, mit der schönsten Antwort, die ein Mensch geben konnte: „Siehe, ich bin die Magd des Herrn, mir geschehe nach deinem Wort!“ In diesem Augenblick, wo die werbende Liebe Gottes die richtige Antwort in der hinschenkenden Liebe Mariens gefunden hat, öffnet sich der Himmel: „Und das Wort ist Fleisch geworden und hat unter uns gewohnt.“ (Joh 1,14)

2. Jesus, den du, o Jungfrau, zu Elisabet getragen hast

Seit ihrem „Fiat – Mir geschehe" trägt Maria in ihrem Leib den Heiland und Retter aller Menschen. Jesus heißt „Gott rettet". Und Maria ist seine Mutter. Doch bei all dieser Ehre versinkt Maria gerade nicht in faule Selbstzufriedenheit. Sie hat begriffen, dass diese rettende Liebe in ihrem Schoß zu allen Menschen gelangen möchte. Maria spürt, dass es unserer Mitarbeit bedarf. Im Evangelium heißt es daher, dass Maria sich danach bald aufmachte und in das Bergland von Judäa eilte (Lk 1,39). Warum? Weil sie vom Engel gehört hat, dass ihre Verwandte im 6. Monat schwanger ist und Hilfe braucht!

Wer wirklich die Liebe in sich trägt, der möchte sie zu anderen tragen.

Kaum hat Maria Jesus in ihrem Leib empfangen, da gibt sie uns ein Beispiel des Apostolates: Maria eilt davon, den anstrengenden Weg in das Bergland hinauf, weil sie weiß: Ihre Verwandte Elisabet braucht Hilfe. Wer Jesus in sich trägt, der darf nicht faul und träge sein, sondern der muss hinauseilen in die Welt, um seine Liebe hinauszutragen. Als Maria bei Elisabet ankommt, grüßen sich die beiden Frauen, die beide schwanger sind. Wo Jesus hinkommt, dort entsteht Freude. Daher hüpft der kleine Johannes im Leib der Elisabet. Und Elisabet preist Maria als „Mutter meines Herrn", die „gesegnet ist vor allen Frauen". Maria weist dieses Lob nicht ab, sondern gibt es demütig an Gott den allmächtigen Vater weiter: „Meine Seele preist die Größe des Herrn." Das Geheimnis der Heimsuchung Mariens mahnt uns, dass auch wir eilen sollen, um Jesus in die Welt zu tragen.

3. Jesus, den du, o Jungfrau, in Betlehem geboren hast

Jesus wird in Betlehem in die brutale Kälte hineingeboren, um derentwillen er neun Monate vorher im Leib seiner Mutter Maria Mensch geworden ist: Obwohl Maria hochschwanger ist, wird sie mit Josef eiskalt abgewiesen. In keiner Herberge ist Platz für das heilige Paar, harte Herzen sind verschlossen gegenüber dem Leben und der Liebe. Und gerade darin beginnt das Geheimnis der Umwandlung: Eine finstere Höhle, die für das Vieh bestimmt ist, wird zum Geburtsort des Sohnes Gottes. Über dem dunklen Stall beginnt der Himmel zu strahlen, als Gottes Engel der Welt „eine große Freude“ (Lk 2,10) verkündet: Das Licht der Welt, das alle Menschen erleuchtet, ist sichtbar erschienen.

Jesus ist ganz klein. Der ewige Sohn des Vaters, den die Himmel nicht fassen können, passt in eine Krippe. Der allmächtige Gott hat sich so menschlich gemacht, dass er in Windeln gewickelt werden muss. Der erhabene Gott hat sich so armselig gemacht, dass Ochs und Esel, lumpige Hirten und Schafe seine Gesellschaft sind. Mit Maria und Josef, den Hirten und Engeln beten wir seither in der Kleinheit und Armseligkeit des Christus-Kindes in der Krippe die unfassliche Größe Gottes an. Mit der Geburt zu Betlehem beginnt auch schon der Leidensweg dieses Kindes, der Jesus schließlich an das Kreuz führen wird. Das Geheimnis von Weihnachten lehrt uns, dass wir die unfassliche Größe der Liebe Gottes nur in seinem Kleinwerden für uns erfassen können.

4. Jesus, den du, o Jungfrau, im Tempel aufgeopfert hast

Am vierzigsten Tag nach der Geburt erfüllen Maria und Josef, was im Gesetz des Mose jedem Juden geboten ist: eine männliche Erstgeburt Gott im Tempel zu weihen. Der Tempel ist für die Juden der Ort, wo Gott wohnt. In den Tempelhallen der Heiden standen Götzenstatuen der Götter, doch das Allerheiligste im Tempel von Jerusalem war leer. Denn Gott ist unsichtbar, er wohnt nicht auf Erden, sondern thront über den Himmeln. Doch was Maria und Josef jetzt in den Tempel bringen, das ist der menschgewordene Sohn Gottes, in diesem Kind ist die Fülle Gottes herabgestiegen auf die Erde und Mensch geworden.

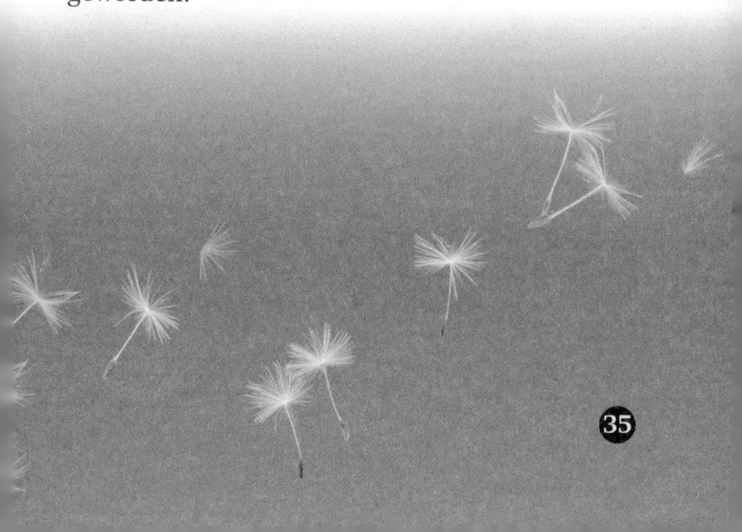

Bei der Aufopferung Jesu im Tempel geschehen heilige Zeichen: Der gerechte Simeon nimmt das Kind in seine Arme und preist Jesus als das „Licht, das die Heiden erleuchtet, und Herrlichkeit für das Volk Israel“ (Lk 2,32).

Weil Maria und Josef arme Leute sind, können sie nicht ein Schaf opfern, sondern nur ein paar Tauben (Lev 12,8). Und doch ist dieses kleine Opfer bereits ein Bild für das große und größte Opfer: das Opfer, das dieses jetzt noch so kleine Kind dreiunddreißig Jahre später in Jerusalem darbringen wird, das Opfer des menschgewordenen Gottessohnes am Kreuz. Wir bewundern die Gesinnung Mariens: Sie ist opferbereit und hält ihr Kind ganz Gott hin. Und Simeon prophezeit ihr, dass noch größere Opfer auf sie warten: Ein Schwert wird ihre Seele durchdringen! (Lk 2,35) Jetzt trägt Maria noch das kleine Jesuskind in den Armen, unter dem Kreuz aber wird sie sich mit dem noch größeren Opfer ihres Sohnes mütterlich verbinden. Das Geheimnis der Aufopferung Christi bezeugt uns, dass Gott aus unserer Haltung der Opferbereitschaft Großes zu wirken vermag.

5. Jesus, den du, o Jungfrau, im Tempel wiedergefunden hast

Ein Sprichwort sagt: „Solange dein Kind klein ist, gib ihm Wurzeln; wenn es groß wird, gib ihm Flügel.“ Jesus ist nicht ein gewöhnlicher Mensch, sondern der Sohn Gottes. Er ist Gott, der in allem uns gleich sein wollte, deshalb wurde er in die Geborgenheit eines mütterlichen Leibes hinein Mensch. Und er wurde Mensch inmitten einer menschlichen Familie: Maria ist wirklich seine Mutter, und Josef sorgt wirklich wie ein Vater für ihn. Bei der Rückkehr von der Wallfahrt nach Jerusalem erschrecken beide, als sie merken, dass der heranwachsende Jesus verschwunden ist.

Maria und Josef sind gute Eltern, sie machen sich große Sorgen um ihr verlorenes Kind. Sie durchleiden die Ängste aller Eltern der Welt, die um ihre Kinder bangen, als sie Jesus drei Tage lang verzweifelt suchen. Schließlich finden sie den jungen Jesus, wie er mitten im Tempel die Schriftgelehrten mit seinen klugen Antworten in Staunen versetzt. Jesus ist kein gewöhnlicher Mensch, er ist Gottes Sohn in Menschengestalt. Wer ihn findet, der findet Gott. Als Maria und Josef Jesus im Tempel wiederfinden, erteilt er eine Belehrung, die uns allen gilt: „Warum habt ihr mich gesucht? Wusstet ihr nicht, dass ich in dem sein muss, was meinem Vater gehört?" (Lk 2,49) Maria lernt sofort und bereitwillig, denn von ihr heißt es, dass sie all das in ihrem Herzen bewahrt.

Vom Geheimnis des wiedergefundenen Jesus lernen wir, dass wir an Jesus Christus als den menschgewordenen Sohn Gottes glauben müssen, um die Nähe Gottes zu finden.

4

BETRACHTUNGEN ZUM LICHTREICHEN ROSENKRANZ

„Und während er betete,
veränderte sich sein Aussehen seines Gesichtes,
und sein Gewand wurde leuchtend weiß."

Lk 1,31–16

1. Jesus, der von Johannes getauft worden ist

Jeder von uns hat seine verborgenen Seiten; und jeder von uns hat verschiedene Seiten seines Charakters: unsere Angehörigen kennen uns, wie wir uns privat verhalten; unsere Schul- oder Arbeitskollegen kennen uns wieder ganz anders... Jesus war schon etwa 30 Jahre alt und der Welt zu diesem Zeitpunkt völlig unbekannt. Ein Verwandter von Jesus war da viel berühmter, alle Welt kannte Johannes den Täufer, der nach einer inneren Vorbereitung in der Wüste jetzt als neuer Prophet in Israel aufgetreten war. Alle Leute waren von seiner Predigt betroffen. Johannes verlangte radikale Unterwerfung unter Gott, alles andere sei Sünde. Johannes predigte sehr deutlich und zog damit die Leute an den Jordan, den lebensspendenden Fluss durch das wüste Land. Die Menschen sollten neu mit Gott zu leben beginnen, indem sie sich im Jordanwasser untertauchen lassen: Zeichen der Reinigung, Zeichen für das Bemühen, ein Leben nach dem Willen Gottes anzufangen. Im Gegensatz dazu ist Jesus noch völlig unbekannt.

Jesus hat bisher ganz verborgen in Nazaret gelebt. Er hat dort als Handwerker gearbeitet wie sein Nährvater Josef, umsorgt von seiner Mutter Maria. Und jetzt ist er da, der große Tag der Enthüllung.

Johannes der Täufer steht als Prophet am Jordan, und die Menschen lassen sich in das Wasser des Lebens tauchen. Und da steht Jesus demütig da, steigt noch demütiger mit den anderen in das Wasser.

Aber es ist nicht die Taufe der Buße, sondern die Taufe der Enthüllung: Über ihm öffnet sich der Himmel, Stimme des Vaters und Herabsteigen des Geistes bezeugen: Er ist selbst das Leben! In Jesus lebt Gott in dieser Welt mitten unter uns Menschen.

Schau mit den Augen deines Herzens auf den offenen Himmel über Jesus: Du siehst einen gewöhnlichen Menschen, – doch der ist er nicht: Der sich da von Johannes zur Taufe niederbeugt, ist der ewige Sohn des ewigen Vaters, er ist Gott von Gott, Licht vom Licht, eines Wesens mit dem Vater von Ewigkeit. Ab jetzt wird Jesus selbst durch Wunder und Zeichen öffentlich machen, wer er wirklich ist. Darum musst du die Nähe Jesu in deinem Leben suchen. Nur dann lebst du unter einem offenen Himmel. Und als Jesus dann nach drei Jahren des öffentlichen Wirkens am Kreuz stirbt, da hat sich der Abgrund der Gottheit endgültig für uns geöffnet: Aus dem durchbohrten Herzen Jesu fließt der neue Jordan hervor: das Wasser der Taufe, das über dich schon geflossen ist, um dir neues Leben zu schenken.

2. Jesus, der sich bei der Hochzeit in Kana geoffenbart hat

Jesus wirkt sein erstes Zeichen bei einer Hochzeit. Maria ist die Eingeladene, ihr Sohn Jesus und dessen Jünger begleiten sie. Immer wieder ist Jesus zu Gast bei den Menschen, den einfachen, den reichen, den angesehenen und den verachteten. Und Jesus liebt das Feiern. Bei diesem Fest ist es wie im Leben: Es gibt Pannen und Peinlichkeiten. In dem Fall geht der Wein aus. Wein steht für Lebensfreude, Lebenssinn, Lebensfülle. Eine Hochzeit ohne Wein ist wie die Sonne ohne Strahlen. Es ist Maria, die Jesus auf diesen Mangel aufmerksam macht.

Du musst das schon einmal von Maria lernen: Wenn du etwas dringend brauchst, dann geh zu Jesus; vertraue, dass Er es geben kann. Maria bittet Jesus, weil sie ihm alles zutraut. Freilich: Gott hat seine eigenen Regeln. Er ist kein Dosen-Automat, wo man oben eine Bitte einwirft und unten rollt die Getränke-Dose heraus...

Obwohl Jesus scheinbar abweisend ist, gibt Maria den Dienern die Weisung:
„Was Jesus euch sagt, das tut."

Das ist der gute Rat Marias für dich und für alle, die sich Christen nennen: Was Er sagt, das müssen wir tun!

Die Diener haben den Sinn des Befehls Jesu sicher nicht verstanden, denn er ordnet an, hunderte Liter Wasser vom entfernt gelegenen Brunnen zu holen. Wer will schon auf einer Hochzeit Wasser trinken? Vielleicht geht es dir auch so mit den Weisungen Jesu: Du denkst: Das ist doch mühselig, das ist doch altmodisch, das macht doch keine Freude. Doch die Diener folgen dem Rat Mariens: Was er euch sagt, das tut! Und gerade deshalb kann Jesus ein Mega-Wunder wirken. Wasser wird zu Wein, die Hochzeit ist gerettet. Es ist so einfach: Wo du treu tust, was Jesus von dir will, da verwandelt sich alle Dumpfheit, Frustration und Sinnleere in Lebensfreude. Und damit du erkennst, was Gott von dir will, höre auf Maria.

3. Jesus, der uns das Reich Gottes verkündet hat

Das allererste Wort, das Jesus bei seiner öffentlichen Verkündigung sagt, lautet: „Kehrt um, denn das Reich Gottes ist nahegekommen!" Jesus meint mit „Reich" nicht ein irdisches Reich, er meint nicht ein bestimmtes Gebiet, ein gesellschaftliches Machtgebilde auf Erden. Reiche kommen und vergehen, Herrscher treten an und treten ab, Regierungen werden gebildet und aufgelöst... Das griechische Wort „basileia" muss man am besten mit „Königsherrschaft" übersetzen. Dort, wo Gott als König in den Herzen der Menschen regiert, hat das Reich Gottes begonnen. Darum sagt Jesus auch beim Verhör vor diesem korrupten Machtmenschen Pontius Pilatus: Meine Königsherrschaft ist nicht von dieser Welt!

Jesus möchte, dass du auf das schaust, was hinter diesem irdischen Leben liegt. Denn die Herrschaft Gottes beginnt erst dort in deinem Leben, wo du aufhörst, bloß weltlich zu denken.

Deshalb fordert Jesus bei seinen Predigten viel von dir: dass du deine Feinde lieben sollst, dass du großherzig geben sollst, dass du schmerzbereit verzeihen sollst, dass du auf keinen Fall an den Dingen dieser Welt hängen sollst...

Wo und wann beginnt das Reich Gottes? Ganz einfach: Schiebe den schweren Vorhang vor den Augen deines Herzens weg. Das Reich Gottes beginnt dort in dir, wo du beginnst, wie Jesus zu lieben. Gottes Herrschaft hat noch nicht begonnen, wenn du etwas anderes über dein Leben herrschen lässt: deine Karriere, dein Anerkanntwerden, dein Erfolg, deine Zufriedenheit, dein Bankkonto... Diesen Götzen hat Jesus den Kampf angesagt, denn sie führen zur Verhärtung deines Herzens und zu einer falschen Orientierung. Liebe Jesus von ganzem Herzen, sage ihm wie Maria, dass du ihm dienen willst, dann kann er seine Königsherrschaft in deinem Leben machtvoll aufrichten.

4. Jesus, der auf dem Berg verklärt worden ist

Jesus steht weithin sichtbar auf dem hohen Berg. Er hat drei Jahre lang Wunder gewirkt: Lahme sind gesund aufgesprungen, die bösen Geister sind aus den Besessenen ausgefahren, Blinde wurden sehend, Lahme gehend, Taube hörend... Und nun steht er auf dem Berg, während göttlicher Glanz aus ihm strahlt. In Jesus ist alles in Erfüllung gegangen, was Gott verheißen hat. Darum erscheinen plötzlich Mose und Elias: Denn das Gesetz, das Gott durch Mose gegeben hatte, ist durch Jesus erfüllt; und das Heil, das der Prophet Elias verkündet hat, ist durch Jesus leibhaftig anwesend.

Der verklärte Jesus strahlt uns an. In diesen Strahlen seines göttlichen Glanzes fühlen wir uns natürlich wohl. So wohl, wie sich Petrus, Jakobus und Johannes gefühlt haben, die der Herr mit auf den Berg genommen hat. Petrus ruft, was wir gerne rufen würden, wenn wir religiös ergriffen sind, wenn wir uns Gott ganz nahe fühlen: „Es ist gut, dass wir hier sind. So schön soll es immer bleiben. Lasst uns drei Hütten bauen."

Dieses schöne Gefühl, wenn es einem innerlich gut geht, kennen wir alle. Aber Jesus bleibt nicht auf dem Berg der Verklärung. Er steigt hinunter, um nach Jerusalem zu gehen und dort zu sterben. Ein anderer Berg erwartet ihn: der Ölberg. Dorthin wird er dieselben drei Jünger mitnehmen. Und dort wird Jesus in der Nacht vor seinem Tod Blut schwitzen: Auf dem Berg der Verklärung zeigt er seine Gottheit; auf dem Ölberg enthüllt sich seine wahre Menschlichkeit. Der vielgeliebte Sohn des göttlichen Vaters leidet Todesangst.

Du musst bereit sein, an der Hand der Muttergottes, Jesus auf beide Berge zu folgen. Du wirst grausame Ölberg-Situationen durchleben, wo du dich von Gott und der Welt verlassen fühlst. Und du wirst Verklärungs-Erfahrungen haben, wo es dir göttlich warm ums Herz wird, weil du von den Strahlen ewiger Liebe durchstrahlt wirst. Vor dem einen brauchst du dich nicht wirklich zu fürchten; und das andere kannst du in diesem Leben nicht wirklich festhalten. Am Ende steht die ewige Verklärung, auf die dir das Aufstrahlen Jesu auf dem Tabor nur einen kleinen Vorgeschmack gibt.

5. Jesus, der uns die Eucharistie geschenkt hat

In der Nacht, bevor Jesus verraten wird, nimmt er Brot und deutet es mit den Worten: „Das ist mein Leib, der für euch hingegeben wird." Danach, wenige Stunden vor der qualvollen Kreuzigung, nimmt Jesus den Kelch mit Wein und deutet ihn als sein Blut: „Das ist das Blut des Neuen Bundes", und nennt sogar ausdrücklich den Zweck des Blutes: Es wird vergossen zur Vergebung der Sünden. Jesus fasst durch diese Worte über das weiße Fladenbrot und den roten Wein im Kelch alles zusammen, was er in den vergangenen drei Jahren getan hat. Sein Leben wird zum Sakrament, zum heiligen Zeichen, denn er wollte ja die Herrschaft der Liebe Gottes in den Herzen der Menschen aufrichten.

Was versteht Jesus unter Liebe? Liebe ist für ihn ganz radikal. Nicht: „Ich will geliebt werden!" Sondern: „Ich will lieben!" Liebe ist für Jesus die Bereitschaft, sich von den Geliebten sogar weh tun zu lassen. Und wirklich: Jesus zeigt es uns, indem er sich von seiner eigenen Liebe zu uns Menschen nicht nur sehr weh tun lässt, sondern sich von ihr sogar töten lässt.

Er schenkte Liebe und erntete das Gegenteil: feigen Verrat durch die eigenen Jünger; Verleumdung durch das eigene Volk; brutale Folter und Hinrichtung durch die heidnische Besatzungsmacht.

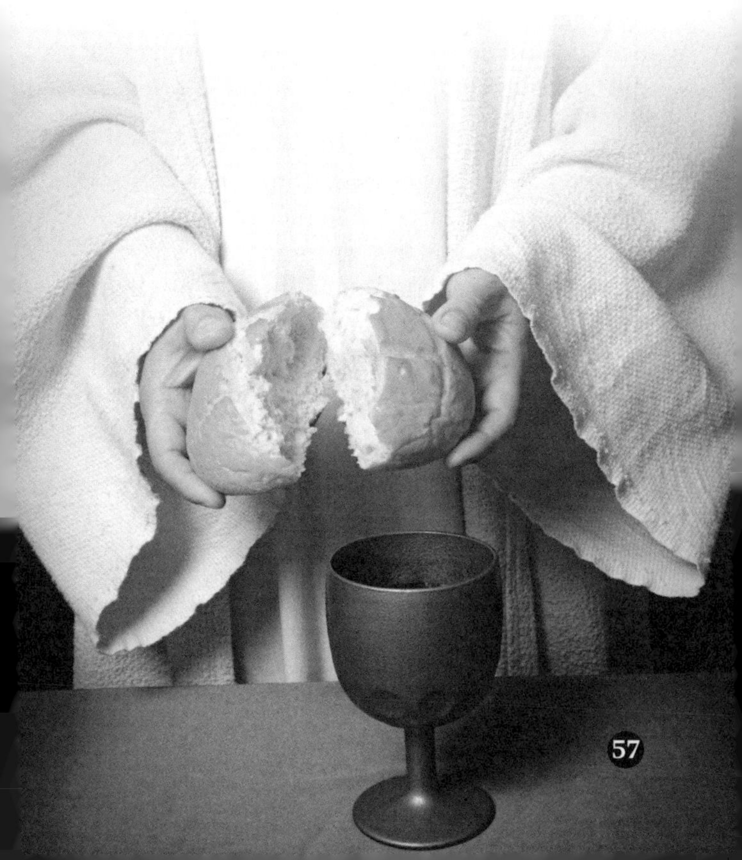

Am Kreuz vor den Mauern Jerusalems hängt Jesus als sichtbares Mahnmal der unsichtbaren Liebe Gottes. Der menschgewordene Gottessohn stirbt am Tag vor dem Paschafest, genau zu jener Zeit, als man im Tempel tausende Lämmer schlachtet. Darum zeigt der Priester bei jeder Heiligen Messe die gebrochene Hostie: Seht das Lamm Gottes, das die Sünde der Welt hinwegnimmt. Eine größere Liebe, als wir sie in der Eucharistie feiern, gibt es nicht, denn es ist die Liebe des Selbstopfers des Sohnes Gottes an uns Sünder.

Darum hat der ewige Sohn Gottes in der Kammer von Nazaret einen menschlichen Leib aus der Jungfrau Maria angenommen, um diesen seinen Leib und sein Blut jetzt für dich hingeben zu können. Maria, die Jesus dem irdischen Leib nach geboren hat, muss uns lehren, das unendliche Geschenk der Eucharistie zu schätzen.

Die Muttergottes, die sich unter dem Kreuz mit dem Opfer ihres Sohnes innerlich verbunden hat, muss uns helfen, die Liebe Jesu so aufzunehmen, dass wir selbst zu radikal liebenden Menschen umgewandelt werden.

5

BETRACHTUNGEN ZUM SCHMERZHAFTEN ROSENKRANZ

„Die Sonne verdunkelte sich.
Der Vorhang im Tempel riss entzwei,
und Jesus rief laut:
Vater in deine Hände lege ich
meinen Geist.“

Lk 23,45

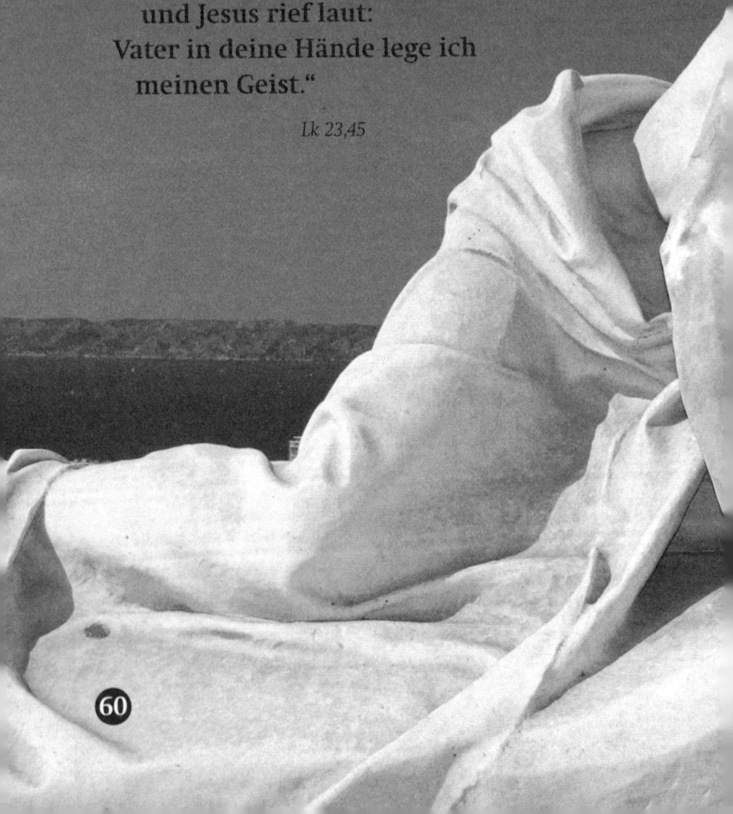

1. Jesus, der für uns Blut geschwitzt hat

Ein romantischer Garten mit uralten Ölbäumen wird zum Schauplatz eines inneren Dramas: Jesus ist am Ölberg außerhalb der Mauern Jerusalems. Die Stadt liegt friedlich da zu später Stunde, im Herzen Jesu aber herrscht eine unvorstellbare Qual. Zuvor hat er mit seinen Jüngern das Abendmahl gefeiert. Er hat ihnen geheimnisvolle Worte gesagt: Als er das Brot gegeben hat, sprach er: „Das ist mein Leib, der für euch hingegeben wird." Zum Kelch mit Rotwein hat er gesagt: „Das ist mein Blut, das für euch vergossen wird." Die Jünger haben diese ernsten Worte nicht verstanden, denn die Apostel waren noch in Euphorie, weil vier Tage zuvor ganz Jerusalem Jesus als Befreier und König begrüßt hatte. Die ganze Jugend von Jerusalem war auf den Beinen und hatte geschrien: Hosanna dem Sohne Davids. Wie bei einem Popkonzert. Und jetzt auf dem Ölberg war alles so dumpf und depressiv.

Die Apostel waren satt gegessen und schliefen abseits. Jesus wollte eigentlich, dass sie beten. – Er betet. Er spricht mit seinem Vater. Er ringt mit seinem Vater. Denn der Sohn Gottes weiß, dass jetzt die entscheidende Stunde gekommen ist.

Nicht deshalb ist er in der Welt, um als Superstar kurzlebig von einem Fanclub angehimmelt zu werden.

Gottes Sohn möchte uns von den Sünden erlösen, er möchte leiden wie wir, er möchte sterben wie wir, er möchte die Einsamkeit des gottfernen Sünders erleben. Jesus weiß, dass die Soldaten der Pharisäer und Hohenpriester unter der Führung von Judas Iskariot schon nahe sind. Er weiß, dass ihm Judas in wenigen Augenblicken einen Kuss des Verrates auf die Wange drücken wird. In den nächsten zwanzig Stunden erwartet ihn Verrat, Verleumdung, Spott und brutalste Folterung... Und Jesus hat Angst. Jesus teilt meine Angst, Jesus leidet mein Leiden, Jesus schwitzt in Todesangst, sodass die Perlen wie Blut zur Erde fallen. Von nun an kann kein Mensch mehr Gott anklagen und sagen: Du hast mich in meiner Angst allein gelassen. Nein, Jesus hat selbst Angst und Einsamkeit und Verlassenheit erfahren, die jedes menschliche Maß sprengt. Und gerade in dieser Situation hat er die Kraft gehabt, zu Gott Ja zu sagen: „Abba, mein lieber Vater! Nicht mein Wille geschehe, sondern der Deine." Und darum ist es Zeit, dass auch ich einsehe, dass ich auch dann mit Gott vereint bin, wenn ich mich von allen verlassen fühle.

2. Jesus, der für uns gegeißelt worden ist

Man könnte erbrechen, so grauslich ist die Szene: Jesus steht an der Geißelsäule im Prätorium des Pontius Pilatus. Der Prozess, den der römische Statthalter mit ihm macht, ist noch nicht zu Ende. Das Todesurteil ist noch nicht gesprochen. Pilatus ist feige, feige und nochmals feige. Er ist der Repräsentant der römischen Besatzer, jenes Imperiums, das damals über die ganze bekannte Welt herrscht. Die Römer sichern ihre Herrschaft durch Brutalität, durch gnadenlose Unterdrückung. Trotzdem hatte Pilatus Sympathien für Jesus und wollte ihn nicht gleich umbringen lassen, als die Hohenpriester ihn mit ihrer Meute anschleppten. Jesus steht an der Säule. Es gibt kein Zurück, er ist todgeweiht. Und der Weg in den Tod ist so qualvoll. Blut spritzt, denn die Geißeln bestehen aus Lederriemen, die in spitzen Metallstücken enden. Haut wird zerfetzt. Der Schmerz ist brennend.

Man peitscht gleichsam die ganze Brutalität der Welt in seinen Leib, man prügelt die Feigheit seiner Jünger in seinen Körper hinein, die ihn am Ölberg in Panik verlassen haben.

Die heutigen Stars haben alle den perfekten Body, die gestylten Models sind die großen Idole der Masse, und viele denken: Wenn ich doch auch so toll ausschauen könnte. Jesus ist das Gegenteil. Er ist zur absoluten Hässlichkeit entstellt. Das Gesicht verschwollen, der Körper blutüberströmt. So führt ihn Pilatus der Menge vor. Und jetzt spricht Pilatus uns an, er sagt ein Wort, das durch die Geschichte tönen wird. Er spricht mich an, wenn er sagt: „So schau doch, das ist der Mensch!“ Lateinisch: „Ecce homo!“ Ja, das ist der erniedrigte Mensch. Das ist der verratene Mensch, der gedemütigte Mensch, der leidende Mensch. Und doch der Mensch. Es ist Zeit, dass wir uns von unseren oberflächlichen Schönheitsidealen verabschieden. Wir müssen uns selbst annehmen, wie wir sind. Und es ist auch Zeit, dass wir endlich anfangen, gerade im Siechen, Verkrüppelten, Entstellten und Entehrten das wahre Ebenbild Gottes erkennen.

3. Jesus, der für uns mit Dornen gekrönt worden ist

Die Shows im Fernsehen, wo Kandidaten vom Publikum ausgewählt werden, machen aus unbekannten Menschen große Stars. Da steigt einer vom Nobody zum Superstar auf. Und wenn einer oben ist, dann bewundert ihn die Öffentlichkeit, die Illustrierten berichten von jedem Auftritt, von jeder Bewegung, von jeder Liebschaft... Fanclubs entstehen. Auftritt in Talkshows machen die Berühmten noch berühmter. Doch über Nacht kann alles anders sein: Der Superstar wird plötzlich zum Buhmann. Die Welt ist ungerecht. Sie ist besonders ungerecht, als Jesus vor Pilatus steht: Man hat ihn gegeißelt, sein Leib ist zerfetzt und voller Blut, sein Gesicht zerschlagen. Die Soldaten haben sich einen Spaß gemacht und ihn mit einem purpurroten Fetzen bekleidet. Aus den biegsamen Zweigen eines spitzen Dornstrauches haben sie eine Art Kappe geflochten, und die setzen sie Jesus auf den Kopf und schlagen mit Stöcken darauf.

Jeder Mensch hat in sich so etwas wie Ehre. Kinder weinen instinktiv, wenn sie gekränkt und verspottet werden.

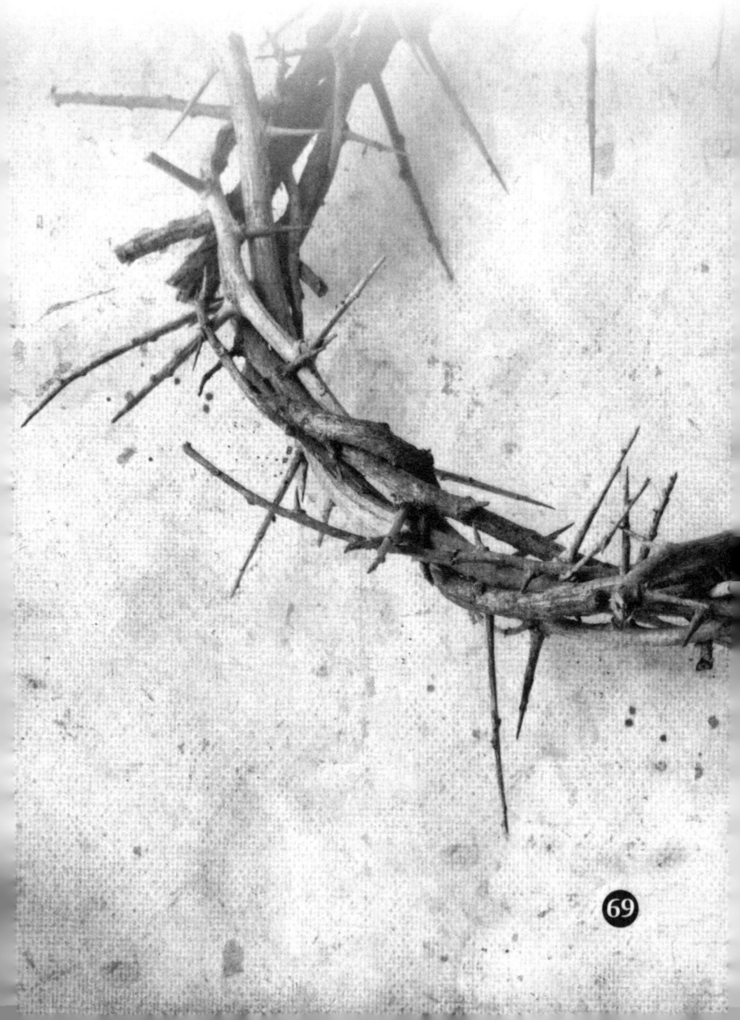

Der Spott gegen Jesus ist brutal: „Heil Dir, König der Juden!“ sagen die Soldaten zu dem Bild des Elends, das Jesus darstellt. Sie spucken nicht nur vor ihm aus, sondern sie spucken ihm ins Gesicht. Der Sohn Gottes wird behandelt wie der letzte Dreck. Was soll diese Szene für einen positiven Sinn haben? Warum lässt sich Jesus so beleidigen, ohne etwas zu tun? Pilatus hatte ihn gefragt: Bist du ein König. Jesus hat bejaht: Ja, du sagst es, ich bin ein König. Und er hatte hinzugefügt: Aber mein Königreich ist nicht von dieser Welt. Die Welt ist brutal, sie erhöht und erniedrigt; sie schafft Idole und stürzt sie dann wieder vom Sockel. Jesus steht auf einem anderen Podest, er sitzt auf einem anderen Thron. Den kann niemand umstürzen, denn er ist nicht abhängig von dem, was die Menschen von einem denken. Jesus ist König, Herr, Herrscher im Reiche derer, die lieben. Seine Krone ist die Liebe. Um diese Krone muss es uns auch in unserem Leben gehen. Und darum ist es Zeit, dass wir uns nicht abhängig machen von den Ehren und Anerkennungen und Kronen, die uns Menschen aufsetzen. Nur was Gott von uns denkt, ist entscheidend.

4. Jesus, der für uns das schwere Kreuz getragen hat

Schade, dass es nur wenige Dinge gibt, die man wirklich gerne tut. Die meisten Dinge aber kosten Überwindung. Man muss den inneren Schweinehund besiegen, um etwas zu machen: zu einer langweiligen Veranstaltung gehen; mit einem unangenehmen Menschen sprechen; in der Frühe rechtzeitig aufstehen... Das ganze Leben ist eine Kette, wo sich angenehm und unangenehm, lustig und mühsam dauernd abwechseln. Natürlich wollen viele ausweichen und nur das tun, was der Lust und Laune entspricht. Wir sehen jetzt Jesus, wie er den Kreuzweg geht. Die Situation ist absolut aussichtslos: Jesus muss sich gleichsam sein eigenes Grab schaufeln, indem er das Kreuz tragen muss, an dem er dann angenagelt werden wird, um zu sterben. Was das innerlich für einen Menschen bedeutet, wenn er selbst die Instrumente seiner Hinrichtung tragen muss, können wir uns nicht vorstellen.

Sein Kreuzweg wird zum Sinnbild für unser Leben. Darum gibt es eine eigene Form des Gebetes, die so genannte Kreuzwegandacht, wo der Leidensweg Jesu in einzelne Stationen aufgegliedert ist. Schritt für Schritt muss Jesus mit dem Holzbalken voranschreiten, spottende Menschen um ihn herum ebenso wie jammernde Frauen.

Das Ziel liegt außerhalb der Mauern Jerusalems; dort, wo zehntausende Menschen am Paschafest vorbeikommen, liegt die Hinrichtungsstelle. Ein totenkopfähnlicher Felsen, die Schädelstätte, Kalvaria oder Golgota genannt. Der Ort ist ideal für Kreuzigungen, denn das qualvolle langsame Sterben der Verbrecher soll ja andere abschrecken. Schrecklicher geht es wirklich nicht mehr. Wenn wir etwas Schweres tun, dann haben wir immer die Aussicht, dass wir dadurch etwas Mühsames hinter uns bringen und es danach leichter geht. Jesus aber trägt die absolute Aussichtslosigkeit. Und er geht, und geht, und geht... Schritt für Schritt. Darum wird sein Weg nicht im totalen Tod enden, sondern in der siegreichen Auferstehung. Es ist Zeit, dass wir wieder Selbstüberwindung lernen. Jesus schenkt uns Kraft, auch dort im Guten weiterzumachen, wo es unangenehm, mühsam, ja vielleicht sogar manchmal aussichtslos scheint.

5. Jesus, der für uns gekreuzigt worden ist

O weh, wir haben aus dem Kreuz ein Schmuckstück gemacht. Manche weibliche Stars tragen große Kreuze, nur um zu zeigen, wie gut sie dort gebaut sind, wo sie das Kreuz umhängen haben. Es ist wichtig, über das Kreuz nachzudenken. Man muss es sich bildlich vorstellen: Der Leib Jesu, hochaufgerichtet auf dem Felsen Golgota vor den Mauern Jerusalems, daneben die tausenden Pilger, die in die Stadt ziehen. Das Blut, das aus den Wunden an Händen und Füßen fließt, über das Holz rinnt und schließlich auf den Boden tropft. Rundherum geht das Leben weiter. Tausende Pilger ziehen vorbei, hinein in die Stadt; die Soldaten sind mit dem Verteilen der Beute beschäftigt, die sie sich von den drei Hingerichteten angeeignet haben. Einige wenige spotten hinauf zu Jesus. Und wie geht es Jesus innerlich? Das eigentlich Qualvolle für Jesus ist nicht das körperliche Leiden, obwohl das wirklich eine unvorstellbare Tortur ist. Noch mehr leidet Jesus unter einem dunkelschwarzen Gefühl der Trennung von Gott, von seinem geliebten Vater.

Er ruft: „Mein Gott, mein Gott, warum hast du mich verlassen!“

In diesem Ruf bekennt er Gott als seinen Gott, und zugleich lässt er uns in seine tiefe gottmenschliche Seele schauen. Wenn man jung ist, dann ist man voller Emotionen, voller Gefühle. Wenn ein Jugendlicher zum Glauben findet, dann geht ihm das Herz auf, er fühlt sich Gott ganz nahe, plötzlich strahlt Wärme und Licht über das ganze Leben. Die Nähe zu Gott macht glücklich, wir dürfen sie hoffentlich auch immer wieder im Gebet erleben. Und Jesus hält Gott die Treue, auch wo alles schwarz um ihn herum wird. Er bleibt in der Liebe zu seinem Vater. Er hält innerlich durch. Darum kann er rufen: „Es ist vollbracht!“, bevor er sein Haupt neigt und stirbt. Jetzt hat uns Gott durch seinen Sohn gezeigt, zu welcher Liebe wir eigentlich fähig sind: Liebe bis ins Leiden, bis in die Selbstaufopferung, bis in den Tod. Es wird Zeit, dass wir aufhören, wehleidig auf uns selbst zu schauen.

Es wird Zeit, dass wir von Jesus lernen, dass wir nur dann zum Leben und zur Auferstehung gelangen, wenn wir unser Leben in der Liebe für andere verschenken.

6

BETRACHTUNGEN ZUM GLORREICHEN ROSENKRANZ

„Was sucht ihr den Lebenden bei den Toten?
Er ist nicht hier, sondern er ist auferstanden."

Lk 24,5

1. Jesus, der von den Toten auferstanden ist

Elender als Jesus konnte man nicht sterben: Unter qualvollen Schmerzen hat er am Kreuz seinen Geist aufgegeben. Er wollte lieben, lieben bis in den Tod. Er starb für die, die ihn ausgeliefert, verraten und zu Tode gequält haben. „Eine größere Liebe hat niemand, als wer sein Leben hingibt für seine Freunde." (Joh 15,13) Aber was für einen Sinn soll das haben? War Jesu Schmerzenstod bloß eine edle Tat, eine schöne Geste, – aber im Letzten ohne Sinn? Ist nicht mit dem Tod alles aus und vorbei?

Jeder Mensch hat Angst vor dem Sterben! Der Tod streicht ja alles durch, was man im Leben geschafft hat: Du kannst nichts mitnehmen. Karriere, Erfolg, Geld und Besitz, Titel und Anerkennung, ja selbst die Zuneigung der Menschen, die einem nahegestanden sind, kannst du nicht zusammenraffen und über die Schwelle des Todes hinübertragen.

Du kommst nackt in die Welt, und du gehst nackt aus dieser Welt davon. Darum haben wir Angst vor dem Tod, weil wir nicht loslassen wollen. Jesus aber hat ganz losgelassen! Ganz und gar!

Noch in seinem Sterben verschenkt er sich ganz: er übergibt seine geliebte Mutter dem Jünger, er haucht seinen Geist in die Welt hinein, er lässt aus seinem Herzen Blut und Wasser als Symbol für Erlösung und Taufe ausströmen... Und seine letzten Worte in den Todesqualen waren unvorstellbare Barmherzigkeit: „Vater, vergib ihnen..." (Lk 23,34) Wer ganz gibt, dem wird auch ganz gegeben. Darum hat Gott der Vater Jesus auferweckt. Die Auferstehung ist der Beweis dafür, dass die totale Liebe immer total siegt. Lieben hat immer einen Sinn, auch dort, wo sie sinnlos erscheint.

In allen Religionen haben die Menschen Phantasievorstellungen entwickelt, wie es nach dem Tod weitergehen könnte. Uns Christen interessiert weniger das „Wie", sondern wir wissen um das „dass". Jawohl: Weil Christus auferstanden ist, weil das Grab leer war, darum lehrt mir der Glaube: Auch ich werde auferstehen; der Herr Jesus Christus ist der Erstgeborene der Toten, er wird mir eine ewige Gemeinschaft herrlicher Liebe bereiten. Halleluja!

2. Jesus, der in den Himmel aufgefahren ist

Die Auferstehung Christi war der Triumph der kreuzesbereiten Liebe. Als man am Ostermorgen meldete: „Das Grab ist leer, der Herr ist auferstanden, er ist uns erschienen...“, da waren die Jünger nicht naiv und leichtgläubig. Im Gegenteil. Gerade die Apostel waren die größten Zweifler, nicht nur jener Thomas, der den Beinamen „der ungläubige Thomas“ erhalten hat. Die Auferstehung Christi war nicht ein Wunder unter vielen Wundern, die Christus gewirkt hatte, sondern sie war das „Wunder aller Wunder“. Sie übersteigt jede Vorstellungskraft völlig. Wie sollten wir Sterblichen mit unserem begrenzten Verstand auch jene andere Dimension uns vorstellen können, die den Namen „Ewigkeit“, „ewiges Leben“ oder „Himmel“ trägt?

Nach der Auferstehung war Christus den Jüngern 40 Tage lang erschienen. Die armen Apostel, die nach dem Karfreitag alle frustriert und zu Tode verängstigt waren, brauchten ganz einfach eine 40-tägige Schulung.

Jesus erschien ihnen mit verklärten Wunden und lässt ihnen die Augen aufgehen. Erst jetzt können sie alles begreifen, was Jesus in den drei Jahren ihrer Wanderschaft geredet und getan hatte. Sie erkennen ihn als den Sohn Gottes, den der Vater zur Rettung aller gesandt hat. Und Jesus schult seine Jünger auf eine tröstliche Zukunft ein: Er verheißt den Geist, der alles vollenden wird.

Und weil er selbst durch den Geist in den Herzen der Getauften weiterwirken wird, darum ist es gut, dass er endgültig zum Vater heimgeht.

Die Himmelfahrt Christi darf man sich nicht wie einen Raketenstart vorstellen. Der „Himmel“ ist hier nicht das blaue Firmament über uns, sondern die ewige Gemeinschaft mit Gott: Auf dem Ölberg steht Jesus, es ist vierzig Tage nach Ostern. Es ist derselbe Ölberg, wo Jesus in der Nacht vor seinem Tod Blut geschwitzt hatte. Doch jetzt ist hier nur göttlicher Glanz: eine Wolke verhüllt den auferstandenen Herrn: Jetzt kehrt Jesus endgültig aus dieser Welt zum Vater heim. Doch er nimmt etwas mit in den Himmel: seine Menschlichkeit. Jesus kehrt nicht als reiner göttlicher Geist in die Ewigkeit zurück, sondern mit seinem verklärten Leib, – also mit einem Stück von unserer menschlichen Wirklichkeit. Die Grenze zwischen *hier* und *dort* ist durchlässig geworden! Denn wohin der Herr Jesus Christus gegangen ist, dorthin sollen auch wir alle gehen: in die ewige Gemeinschaft mit dem Vater im Heiligen Geist.

3. Jesus, der uns den Heiligen Geist gesandt hat

Wo Maria ist, da weht der Heilige Geist! Bei seiner Himmelfahrt hatte Jesus den Jüngern noch einige konkrete Weisungen gegeben. Denn der Herr hinterlässt eine Gemeinschaft auf Erden, die seinen Namen tragen wird, weil sie ganz dem Herrn gehört. Das Wort Kirche kommt von „Kyrios", „Herr". Und diese Kirche ist nichts für Faule und Nichtstuer, denn Jesus gibt ihr eine Mission, eine Sendung: „Geht hinaus in die ganze Welt und macht alle Menschen zu meinen Jüngern..." (Mt 28,19)

Jesus spricht bei seiner Himmelfahrt zu einer winzig kleinen Gruppe. Es war nie und nimmer vorstellbar, dass dieser kleine Haufen innerhalb weniger Jahrhunderte die ganze Welt erobern sollte. Heute ist das Christentum die größte Religion der Erde. Der Grund dafür liegt darin, dass Gott selbst in der Kirche wirkt, und zwar mächtig! Diese Macht des Wirkens Gottes ist der Heilige Geist.

Nach der Himmelfahrt hatten die Jünger neun Tage lang bei verschlossenen Türen im Abendmahlssaal gebetet. Ohne Gebet, ohne Konzentration, ohne innere Verbindung mit Gott geht gar nichts. Es war ein Gebet in Gemeinschaft: die Apostel, andere Christen, Männer und Frauen, vor allem aber Maria, die Mutter Jesu war dabei.

Maria ist in ihrer Reinheit und Heiligkeit Lehrmeisterin der Hingabe an Gott. In der Kammer von Nazaret hat sie Gott gleichsam auf die Erde gezogen, als sie die Einladung zur Gottesmutterschaft mit den Worten annahm: „Siehe, ich bin die Magd des Herrn!“ Wo man sich so klein vor Gott macht, da kann Gott Großes tun. Damals war der Heilige Geist auf sie herabgekommen, und jetzt, zu Pfingsten, geschieht dies nochmals: Am Pfingsttag öffnet sich der Himmel. Jesus hatte dieses Geschenk verheißen: „Fürchtet euch nicht, ich bin bei euch alle Tage bis ans Ende der Welt!“ „Einen anderen Beistand werde ich euch schenken, den Heiligen Geist...“ Wir müssen uns mit Maria ganz innig verbinden, damit auch auf uns der Heilige Geist mächtig ausgegossen wird und damit wir die Sendung Jesu bis in den letzten Winkel der Erde tragen können.

4. Jesus, der dich, o Jungfrau, in den Himmel aufgenommen hat

Auf dem kleinen blauen Planeten am Rand einer Galaxie von Milliarden anderen Galaxien im Umkreis um einen Stern namens Sonne zwischen Abermilliarden von anderen Sternen befindet sich unser kleiner blauer Planet namens Erde. Der geschaffene Kosmos ist unvorstellbar groß! Gott hat alles wunderbar geschaffen, das größte Wunder aber ist, dass wir Menschen auf der Erde seine vielgeliebten Geschöpfe sind. In all der Unendlichkeit der Schöpfung liebt Gott jeden Menschen.

Von einem Menschen geliebt zu werden, ist wunderbar; aber von Gott geliebt zu werden, ist unvorstellbar wunderbar! Gott hat sich gleichsam in uns Menschen „verliebt". Darum ist er einer von uns geworden, Gott ist Mensch geworden: der unendliche Gott als ein Mensch unter vielen Menschen. Zu dieser Tat der Liebe wollte er ganz demütig die Zustimmung des Menschen erbitten, genauer: die Zustimmung einer Frau. Gott wollte das „Jawort" Mariens, um seine Liebe zu uns zu verwirklichen. Und Maria hat Ja gesagt.

Alle Generationen preisen sie mit Recht selig, denn ihr „Fiat“ ist der Grund unseres Heiles. Gott wollte es so.

Und weil Maria genau so Mensch ist, wie Gott sich den Menschen immer vorgestellt hat, wie er sein ursprüngliches Konzept im Menschen angelegt hat, darum ist es auch logisch, dass Maria als erste voll und ganz an der Erlösung Anteil haben soll. Jesus ist mit Leib und Seele von den Toten erstanden, und er hat auch seine Mutter, nach Vollendung ihres irdischen Lebens, mit Leib und Seele in den Himmel aufgenommen. Wir, die wir Kinder Gottes sind durch Jesus Christus, haben in Maria eine menschliche Mutter im Himmel!

Wenn wir auf Maria schauen, dann schauen wir in den Himmel. Und dann begreifen wir auch, dass wir als winzige Pünktchen im großen Universum nicht verloren sind, sondern dass wir für Gott etwas bedeuten. Er will jeden von uns, wie Maria, mit Leib und Seele bei sich in seiner ewigen Liebe haben.

5. Jesus, der dich, o Jungfrau, im Himmel gekrönt hat

Wir sind hier auf Erden so voll und satt mit all den schönen Dingen, die wir uns leisten können, dass wir oft darauf vergessen, dass das Leben kurz ist. Der Tod kommt unausweichlich. Man kann den Gedanken an die Vergänglichkeit wegschieben, man kann sich betäuben mit Genuss. Dennoch kommt das Ende des Lebens hundertprozentig sicher.

Maria war auch ein Mensch, sie war auch sterblich – und sie ist auch wirklich gestorben. Aber sie ist der erste Mensch, an dem sich das Wunder auswirkt, das Jesus Christus uns geschenkt hat: Er, der von den Toten auferstanden ist, will uns alle in die Ewigkeit hinüberretten. Nicht 70, 80, 90 oder wie viel auch immer Jahre währt unser Leben, sondern ewig! Wer Gott und die Menschen liebt, wie Christus dies uns vorgezeigt und in Gnade eröffnet hat, dem gilt die Verheißung eines unendlichen Glückes. Und an Maria ist dies vollkommen verwirklicht. Gott hat ihr die Krone aufgesetzt, weil sie ganz so war, wie Gott jeden Menschen haben will.

Maria ist Königin im Himmel. Nicht fern und abgehoben, sondern so ganz mit jedem von uns verbunden. Ihr Königtum ist die Liebe, ihre Würde ist die Fürsorge, ihr Ruhm ist die Barmherzigkeit.

Kann die Mutter im Himmel vollends zufrieden sein, solange noch viele ihrer Kinder auf Erden fern sind von Gott? Kann die Königin der Liebe vollends glücklich sein, solange das Reich ihres Sohnes auf Erden noch nicht endgültig aufgerichtet ist und so viele Menschen „in Finsternis und Todesschatten" der Gottferne sind? Wir dürfen damit rechnen, dass diese Königin alles tun wird, was in ihrer Macht steht, damit wir Menschen auf Erden „tun, was Jesus uns sagt". Du darfst auch persönlich in deinem Leben damit rechnen, dass sie, die Mutter und Königin, dich an der Hand nimmt. Hab keine Angst davor. Lass dich führen. Sie leitet dich gut, denn sie weiß, wohin der Weg geht: zu Gott, in das ewige Reich der Liebe.

7 WAS MIR DER ROSENKRANZ PERSÖNLICH BEDEUTET

Ich selber habe durch den Rosenkranz als 16-jähriger Jugendlicher überhaupt erst beten gelernt, nämlich Beten im Sinn von einem inneren Hören und Sprechen mit Gott. Ich möchte darum hier Werbung machen für den Rosenkranz. Er ist ein Gebet, das uns in der Liebe wachsen lässt, weil es uns total effizient mit Gott verbindet. Mutter Teresa von Kalkutta hat den Rosenkranz nie aus der Hand gelegt. Darum ist auch die Liebe nie aus ihrem Tun gewichen.

Der Rosenkranz ist ein sehr einfaches Gebet. Ich war damals Klassenbester, und wir mussten im Religionsunterricht immer so abstrakte Texte als Schulgebete lesen – das war mehr eine Literaturübung, von der man Kopfweh bekam. Das Herz blieb kalt. Hingegen besteht der Rosenkranz „bloß" aus der Wiederholung von zwei Grundgebeten, das Vaterunser und das Gegrüßet-seist-du-Maria. Es ist ganz einfach und „kindlich". Es reinigt das komplizierte Denken und aktiviert die Regionen unseres Denkens, wo mehr die Bilder, die Gefühle und die Beruhigung in den Vordergrund treten.

Zugleich geht es aber sehr wohl auch um „Inhalt". Nicht das „Leer-Werden" von Vorstellungen und Gedanken wird angestrebt, sondern das Erfüllt-Werden durch die Heilsgeheimnisse Gottes. Jesus sagt selbst: „Wenn ihr nicht werdet wie die Kinder..." Ich liebe den Rosenkranz, weil er so kindlich einfach ist.

Der Rosenkranz ist ein Gebet für alle. Weil er so einfach und wirksam ist. Jeder Jugendliche, jeder Mann und jede Frau, wie berufstätig auch immer, können hier Kraft schöpfen. Man kann ihn ja auch in die Lebenspausen einbauen: Ich bete zum Beispiel gerne still den Rosenkranz, wenn ich auf Reisen bin, im Flugzeug, im Auto, in der Eisenbahn.

Wo wir Maria ansprechen und loben und ehren und um die Fürbitte anrufen, da nimmt sie uns sanft an der Hand und führt uns zu dem, von dem sie schon damals losgejubelt hat, als sie von Elisabet „mehr als alle anderen Frauen seliggepriesen" wurde: „Meine Seele preist die Größe des Herrn, und mein Geist jubelt über Gott, meinen Retter!"

Pater Karl Wallner

BILDNACHWEIS:
S. 5 (ganz unten): © Piotr Sikora/Fotolia.com; S. 5–7,11,13: © Simon Coste/Fotolia.com; S. 9: © Bine/Fotolia.com; S. 11: © Heidie Mulde/ Fotolia.com; S. 5,14,15,17,19,23: © Jean-François DESSUP/Fotolia.com; S. 16: © Johnny Lye/Fotolia.com; S. 21: © Vladimir Koletic/Fotolia.com; S. 5,24,25,29,31,35,37: © Pavel Losevsky/Fotolia.com; S. 27: © Arto/ Fotolia.com; S. 28: © Git/Shutterstock.com; S. 30: © Шпорт Олександр/ Fotolia.com; S. 33: © Zvonimir Atletic/Fotolia.com; S. 34/35: © Beboy/Fotolia.com; S. 36: © Galyna Andrushko/Fotolia.com; S. 39: © James Thew/Fotolia.com; S. 41/66: © Julie Hagan/Fotolia.com; S. 5,42,43,45,47,49,53,55: © Jaroslaw Grudzinski/Fotolia.com; S. 45: © Irochka/Fotolia.com; S. 48: © Eva Kahlmann/Fotolia.com; S. 51: © Stephen Coburn/Fotolia.com; S. 54: © cornelius/Fotolia.com; S. 57: © Gino Santa Maria/Fotolia.com; S. 59: © Joseph Helfenberger/Fotolia.com; S. 5,60,61,65,67,71,73: © Stefan Richter/Fotolia.com; S. 63: © Urbanhearts/Fotolia.com; S. 69: © JMB © Alvarado/Fotolia.com; S. 72: © bilderbox/Fotolia.com; S. 75: © kubais/Fotolia.com; S. 77: © Petra Reinhartz/Fotolia.com; S. 5, 78–81,83,85,87,89,91: © Glenda Powers/Fotolia.com; S. 84: © Dudarev Mikhail/Shutterstock.com; S. 87: © Okea/Fotolia.com; S. 90: © Carly Hennigan/Fotolia.com; S. 93: © creativeye97/Fotolia.com